TAKU TOA MĀRIKA

Mario Ramos

TAKU TOA MĀRIKA

Nā Karena Kelly i whakamāori

GECKO PRESS

Tērā tētahi wuruhi, e mākona pai ana i tana hākari, ka puta ki te wao, hīkoi haere ai.

“E tau pai ai taku puku, me hīkoi,” tana kī. “Me rongo hoki i ō te marea whakaaro mōku.”

Tuatahi ake ka tūpono atu ki tētahi rāpeti ririki noa.

"Kia ora mai rā, taku timotimo tāwara," tana kī. "Tēnā, ko wai te tino toa o konei, ki ō whakaaro?"

"Aaaa, ko koe, Matua Wuruhi. Āe! Engari tonu! Kāore e kore!" te whakautu a te rāpeti.

E koa pai ana i te manawa reka,
ka haere tonu te wuruhi i tana haere.

"Taku toa mārika!" tana kī, ko te ihu
e rongo ana i te rākau me te harore.

Kātahi ia ka tūpono atu ki a Koti Whero.

"E kare, tō taiea hoki i te wherowhero nā. Te reka hoki o tō hanga. Kōrero mai, taku rōpere reka, ko wai te tino toa o tēnei ngahere?"

"Oooo, Matua Wuruhi, ko koe, āe rā. Ko koe a runga!" tā te kōtiro kī. "Mō te pakari, kāore i tua atu!"

“Ha! Koia pū taku whakapae – ko te tino toa, ko au tonu. Mihi mai rā, e te ao – ahakoa pēhea, e kore e tuwhene,” tā te wuruhi.

Kātahi ia ka tūtaki ki ngā punua poaka e toru.

"Wiii – e toru ngā punua poaka, kei tawhiti i te kāinga. Hanga tupehau te pēnā e kare mā. Kīia mai, kei aku pīhi pēkana, ko wai te tino toa o te ngahere?"

"Ko te pakari, ko te pakaua, ko te purotu hoki – ko koe anō tēnā, ko Wuruhi Te Whiro!" te koekoe tahi a ngā punua poaka.

“Ānana, kua hau taku rongo!
Ko au te wawana, ko au te whakawiri!
Ko Wuruhi Te Whiro ko au.
Mataku mai ana te katoa. Ka mau kē taku wehi!”
te pāorooro a te wuruhi.

Nāwai, ā, ka tūpono atu ki ngā whena e whitu.

“Hai-hō, punua pukumahi mā! E mōhio ana rānei koutou ko wai te tino toa o tēnei ngahere?” tana pātai atu.

“Ko te tino toa? Ko koe, Matua Wuruhi,” te korihi tahi a ngā whena.

“Anā, kua kēhi! Ko te katoa e whakaae ana. Ko au ko te whakawehi o te wao, te nanakia o te ngahere!” te au a te wuruhi.

Kātahi ia ka tūpono atu ki tētahi tū poraka.

“Tēnā koe, e te anuanu. Kei te mōhio rānei koe ko wai te tino toa o te ngahere?” te ui atu a te wuruhi.

“Ehara ehara. Ko taku māmā,” te kī a tēnei tū poraka.

"Hā?!! Tō kūare mārika, e te pukupuku hūpē!
E te whēwhē whakaruaki!
Kāore pea i tika taku rongo i a koe.
Kōrerohia mai anō –
ko wai te tino toa?"

"I kīia atu rā. Ko taku māmā te tino toa, me te tino atawhai hoki. Hāunga ko ngā wā ka whakaweti mai tētahi," te kī a te punua tarakona. "Ko wai koe?"

"Ko wai au? Eeee... he wuruhi hoahoa noa iho au," te kī a te whiore hume, ka taui atu rā.

Gecko Press™
He peka nō Lerner Publishing Group, Inc.
241 First Avenue North, Minneapolis, MN 55401 USA

E ū ana a Gecko Press ki ngā tukanga whakauka i ngā rawa taiao. He mea tā ā mātou pukapuka kia auau te pānuitia. He mea tuitui ngā herenga pukapuka, he kounga te tānga, ā, katoa ā mātou pukapuka hou he mea tā ki ngā waituhi i ahu mai i te huawhenua, ki ngā pepa kua whakamanahia e te FSC, nō ngā ngahere e āta whakaukatia ana.

I whakatakotoria ngā tuhinga matua ki te Fairfield LT Std.
Nā Adobe Systems te momotuhi.

I whakaahuatia ngā pikitia i tēnei pukapuka ki te peita waikukū, peita waikano, me ngā toirau.

Ka nui te mihi a Gecko Press ki a Toi Aotearoa i tā rātou āwhina mai.

ISBN 9798765671719

Reo taketake: Wīwī
Nā Katrina Duncan ngā kupu i whakatakoto
He mea tā ki Haina nā Everbest Investment Limited,
he wharetā kua whakamanahia e te ISO 14001 me te FSC
1-1011848-54167-10/25/2024.

He pukapuka papai anō mā te tamaiti pākiki, kei geckopress.com